PETT CODE MANUEL

DE

l'Apprenti et du Patron

LE CONTRAT D'APPRENTISSAGE

PETIT CODE MANUEL

DE

l'Apprenti et du Patron

PAR

Charles CONSTANT

Avocat à la Cour d'Appel de Paris

PRIX : UN FRANC

PARIS

ALFRED CHÉRIÉ, LIBRAIRE-ÉDITEUR

40, RUE HALLÉ, 40

1885

PETIT CODE-MANUEL

DE

l'Apprenti et du Patron

—

Le contrat d'apprentissage est aujourd'hui rég-
par la loi du 22 février 1851, complétée et modifiée,
dans certaines de ses parties, par la loi du 19 mai
1874, relatif au travail des enfants et des filles mineures employés dans l'industrie (1).

DE LA NATURE DU CONTRAT

Observons, tout d'abord, qu'il peut y avoir apprentissage sans qu'il y ait contrat. Toutes les fois
qu'un ouvrier habile apprend son métier à un autre
ouvrier inexpérimenté, il y a apprentissage. Lorsque
le maître et l'apprenti sont d'accord pour que le
premier s'engage à enseigner son métier au second,
et que ce dernier s'engage, en retour, à rétribuer
les leçons qu'il reçoit, il y a contrat d'apprentissage.

---

(1) La loi du 22 février 1851 a son origine dans un projet
de loi qui, en 1848, avait été soumis au Conseil général des
manufactures et du commerce, projet qui fut repris, un peu
plus tard, par M. Peupin, représentant du peuple.

Le contrat d'apprentissage est soumis à toutes les règles qui régissent les conventions, à moins de dérogation formelle de la loi; et, pour le former, il faut, avant tout, un consentement valable de la part des personnes qui doivent y figurer, c'est-à-dire que le consentement ne doit pas être le résultat d'une erreur, ou extorqué par violence, ou surprise par dol ou par fraude. De plus, le contrat d'apprentissage étant un contrat à titre onéreux, se trouve vicié par toute clause illicite, immorale ou impossible à réaliser (1).

Le contrat d'apprentissage suppose toujours le concours d'au moins deux personnes : le maître (fabricant, chef d'atelier ou ouvrier), d'une part (2), et l'apprenti, de l'autre.

Par le contrat d'apprentissage, le maître s'oblige à enseigner la pratique de sa profession à une autre personne. Il doit, ordinairement, instruire l'apprenti progressivement et complètement dans la pratique de son art, de son métier ou de sa profession; mais le contrat n'en serait pas moins valable si le maître ne devait enseigner qu'une partie seulement de sa profession.

---

(1) Les art. 1110, 1113, 1114, 1115 et 1117 du code civil sont évidemment applicables au contrat d'apprentissage.

(2) Le contrat intervenu entre un *négociant* et son commis pour l'enseignement de sa profession ne serait pas un contrat d'apprentissage. L'énumération des personnes dénommées à l'art 1er de la loi du 22 février 1851 est limitative.

C'est le maître ou patron qui, aux termes du contrat, doit, personnellement, instruire l'apprenti ; mais rien ne s'oppose à ce qu'il en confie l'instruction à un contre-maître ou à un ouvrier habile, pourvu que l'enseignement soit suffisant et remplisse le but des parties contractantes, c'est-à-dire faire d'un ouvrier inexpérimenté un ouvrier pouvant gagner sa vie dans l'exercice de son métier.

En retour de l'enseignement que s'oblige à donner le maître, l'apprenti s'oblige, de son côté, à travailler pour le patron. Travailler pour le maître, c'est une des conditions essentielles du contrat d'apprentissage ; si le prix de l'enseignement donné par le maître était exclusivement fixé en argent, il n'y aurait plus contrat d'apprentissage, mais un contrat ordinaire de louage de services ou d'industrie.

DE LA FORME DU CONTRAT

Le contrat d'apprentissage ne doit pas être nécessairement rédigé par écrit ; il peut être verbal, et se forme, en fait, comme tous les autres contrats, par le consentement réciproque des parties. Dans ce cas, il peut être prouvé par témoins jusqu'à concurrence de 150 francs (1).

---

(1) L'art. 1341 du code civil est ici applicable. — En cas de désaccord sur les clauses du contrat non rédigé par écrit, l'une des parties pourra toujours déférer le serment à l'autre. L'aveu de l'une des parties pourrait également être provoqué par un interrogatoire sur faits et articles.

Mais, le plus souvent, et c'est d'ailleurs ce que le législateur a voulu, le contrat d'apprentissage est constaté par écrit, soit par un acte sous seing privé, soit par un acte public. C'est cet acte que l'on appelle, dans la pratique, un *brevet d'apprentissage*.

Si l'acte est rédigé sous seing privé, il doit être écrit sur une demi-feuille ou une feuille de papier timbré (de 0,60 ou de 1 fr. 20), et ce en autant d'originaux qu'il y a de parties contractantes (1). Si le maître et l'apprenti figurent seuls au contrat, l'acte doit être rédigé en deux originaux; mais si d'autres personnes interviennent, le père ou la mère de l'apprenti, une commission administrative, un juge de paix, un tiers quelconque autorisé par la famille, etc., chacune de ces personnes doit conserver par devers elle un original de l'acte auquel elle a concouru. Ajoutons que chaque original doit mentionner en combien d'originaux l'acte lui-même a été rédigé.

L'acte sous seing privé a tout autant de valeur que l'acte authentique, mais il n'acquiert de date certaine et ne fait preuve de sa date vis-à-vis d'un tiers que par l'enregistrement d'un des originaux ou par la mort de l'un des signataires.

Bien que l'acte authentique n'ait pas plus de va-

---

(1) Les articles 1325 et suivants du code civil reçoivent ici une complète application.

leur que l'acte sous seing privé, il doit cependant
être préféré par ceux qui passent un contrat d'apprentissage. Pas n'est besoin, d'ailleurs, de recou-
rir à un notaire, officier public ordinairement
chargé, à l'exclusion de tout autre, de la rédaction
des actes authentiques. Le législateur de 1851,
pour encourager la rédaction des actes d'apprentissage et la rendre plus facile et moins coûteuse
aux parties, a donné qualité aux secrétaires des
conseils de prud'hommes et aux greffiers de justice
de paix, pour rédiger authentiquement les brevets
d'apprentissage. C'est donc devant ces secrétaires
et ces greffiers que les maîtres et apprentis devront
se pourvoir pour constater le contrat d'apprentissage intervenu entre eux.

L'acte ou brevet d'apprentissage, rédigé dans la
forme authentique, donne lieu à un honoraire fixe
de deux francs pour les secrétaires des conseils des
prud'hommes ou les greffiers de justice de paix qui
le dressent. Constitués véritables notaires pour le
contrat d'apprentissage, ces fonctionnaires doivent
rédiger ces contrats en minute, puisqu'ils sont
synallagmatiques, et les conserver dans leurs
archives. Les greffiers de justice de paix les men-
tionneront, en outre, sur leur répertoire.

L'enregistrement des actes d'apprentissage a lieu
au droit fixe de 1 fr. 50, lors même qu'ils contien-
draient des obligations de sommes ou valeurs mobi-

lières ou des quittances, et pourvu que ces stipulations accessoires se rapportent au contrat.

Expéditions des actes d'apprentissage, rédigés en minute, pourraient être délivrées, à la demande des parties intéressées, par les fonctionnaires qui les auraient rédigés. Le coût de ces expéditions, outre le timbre employé, est de 30 centimes par rôle d'écriture, lorsqu'elles sont délivrées par les greffiers, et de 40 centimes lorsqu'elles le sont par les secrétaires des conseils de préfecture (1).

L'acte d'apprentissage doit contenir toutes les indications énumérées dans l'art. 3 de la loi du 22 février 1851, mais toutes les prescriptions contenues en cet article ne sont pas substantielles, et l'omission de plusieurs d'entre elles ne saurait entraîner la nullité de l'acte d'apprentissage.

L'article 3 de la loi de 1851 prescrit notamment de mentionner, dans l'acte d'apprentissage, l'âge du maître et celui de l'apprenti. Ces deux mentions sont indispensables, car elles sont de nature à modifier la validité du contrat. En effet, le maître, aux termes de l'art. 4, ne peut recevoir des apprentis s'il n'est âgé de vingt et un ans au moins ; et d'un autre côté, l'art. 2 de la loi du 19 mai 1874, interdit l'emploi des enfants avant

---

(1) Conformément aux art. 19 de la loi du 21 ventôse an VII, et 59 des décrets des 11 juin 1809 et 20 janvier 1810.

l'âge de douze ans, ou de dix ans pour certaines industries (1).

Ce même article 3 prescrit d'indiquer la durée du contrat; mais cette mention n'est pas aussi in-indispensable que celle relative à l'âge du maître et de l'apprenti, car, en cas d'omission, le conseil des prud'hommes supplée au silence des parties et fixe la durée du contrat suivant les usages des diverses industries.

La loi de 1851 (art. 3), par une exception unique dans notre législation, confie au juge de paix le droit de suppléer les parents de l'apprenti pour l'autoriser à passer un contrat d'apprentissage. Nous devons remarquer que le droit du juge de paix ne peut s'exercer que si l'apprenti est mineur ou incapable, si les parents ne peuvent ou ne veulent pas signer le contrat; enfin, si les parents n'ont autorisé personne à signer pour eux.

Si l'apprenti est majeur, le contrat est signé par lui; mais, s'il est mineur, ce sont les représentants

---

(1) Cet article est ainsi conçu : « Les enfants ne pourront être employés par des patrons ni être admis dans les manufactures , usines, ateliers ou chantiers, avant l'âge de douze ans révolus. Ils pourront toutefois être employés, à l'âge de dix ans révolus, dans les industries spécialement déterminées par un règlement d'administration publique. »

Deux décrets des 27 mars 1875 et 1er mars 1877 ont déterminé les industries spéciales dans lesquelles les enfants de dix à douze ans peuvent être employés.

Voir notre *Code des Etablissements industriels*, vol. in-18. Prix : 3 fr 50.

de l'apprenti (père, mère, tuteur ou personne autorisée) qui devront apposer leurs signatures (1). S'il est émancipé, l'autorisation du curateur nous paraît nécessaire. Si, enfin, l'apprentie est une femme mariée, l'autorisation du mari est indispensable.

MODÈLE D'UN CONTRAT D'APPRENTISSAGE

Dans le cas où les parents et apprentis voudraient rédiger eux-mêmes le contrat d'apprentissage, voici une formule que nous croyons bonne à adopter :

L'an mil huit cent quatre-vingt- , le
Entre les soussignés : M. , d'une part,
Et M , d'autre part,
Il a été convenu ce qui suit :
M place , âgé de ans,
en qualité d'apprenti, chez M , pour y apprendre
tout ce qui dans atelier, et notamment
, et ce pour le terme de , le
L'élève qui déclare choisir librement et par goût, entre
plusieurs professions, celle qu'exerce le ,
promet d'être soumis et obéissant à , en tout
ce qui lui sera commandé de juste et de raisonnable concer
nant son état; travaillera assidument, réparera le
temps perdu par sa faute ou par maladie, ou le remplacera
à la fin de son apprentissage; ne fera aucune absence

---

(1) Si l'apprenti est enfant naturel, il peut être représenté par celui de ses parents qui l'aura reconnu. Si, né hors mariage, il est reconnu par deux personnes, on donnera la préférence à celle qui a l'enfant sous sa garde. On déciderait de même en cas de parents mariés légitimement, mais séparés de fait ou judiciairement : l'autorisation sera valablement donnée par celui des deux époux qui a la garde de l'enfant.

*sans cause légitime ou sans permission,   balayera,
nettoiera l'atelier, se conformera à tous les usages
          en général, et à ceux de l'atelier en particulier, et se
conduira enfin*

*Le maître d'apprentissage sera tenu de loger, nourrir
son élève et blanchir son gros linge ; de lui démontrer
tout ce qui sera relatif à sa profession, sans rien lui cacher
ni déguiser, afin qu'   puisse devenir un bon ouvrier ;
lui donnera sa tâche aussitôt qu'   sera dans le cas de la
faire et lui en payera l'excédent selon l'usage.*

*Dans le cas où l'apprenti ne finirait pas son temps ou
viendrait à se dégoûter de l'état dont il s'agit, et à donner
lieu par son fait à la résiliation du premier contrat   .
promet et s'engage de payer,   , à titre d'indemnité, la somme de*

*Enfin, pour tous les cas imprévus et qui donneraient lieu
à des difficultés entre les parties, il en sera référé aux
usages de la Fabrique, et, au besoin, au Conseil des Pru-
d'hommes de   , ou au Juge de paix de   ,
qui statuera sur leurs différends en dernier ressort et sans
appel, et dont les susnommés reconnaissent et acceptent la
juridiction.*

SIGNATURES

Celui qui n'aura pas écrit l'acte ci-dessus devra
faire précéder sa signature des mots : *Approuvé
l'écriture ci-dessus,*

DES CONDITIONS DU CONTRAT

Le législateur a imposé certaines conditions dont
l'absence n'entraîne pas, il est vrai, la nullité du
contrat, mais rend passibles d'une peine (amende de

5 à 15 fr., et de un à cinq jours de prison en cas de récidive) tous les contrevenants. Voici ces conditions :

Nul ne peut recevoir des apprentis s'il n'est âgé de vingt et un ans au moins. Cette interdiction est formelle, et un père ne pourrait valablement stipuler un contrat d'apprentissage pour son fils, maître ou patron, si ce dernier n'a pas atteint sa majorité. Il faut, a dit le rapporteur de la loi de 1851, que le maître soit hors de tutelle avant de pouvoir s'engager, par contrat, à instruire et à surveiller des apprentis mineurs.

Aucun maître, s'il est célibataire ou en état de veuvage, ne peut loger comme apprenties des jeunes filles mineures (1). Cette défense, qui s'explique d'elle-même, n'a pas pour objet d'empêcher le maître de recevoir dans son atelier, pour leur enseigner son art, des jeunes filles mineures ; il le peut faire sans aucun doute. Ce qui lui est seulement interdit par la loi, c'est de les loger, c'est-à-dire de les coucher dans la même maison que lui. Rien n'empêcherait, à notre sens, que le maître prît ses repas avec ses apprenties mineures ou les fît loger dans une autre maison que la sienne.

Enfin, sont encore incapables de recevoir des

---

(1) L'absence momentanée de la femme ne saurait être prise ici en considération ; mais il faudrait assimiler, selon nous, au veuvage, le cas de séparation de corps, amiable ou judiciaire, des époux.

apprentis les individus qui ont subi une condamnation pour crime, ceux qui ont été condamnés pour attentat aux mœurs, et ceux qui ont été condamnés à plus de trois mois de prison par application des art. 368, 404 à 408 et 423 du code pénal. Mais il faut ajouter qu'à Paris le préfet de police, et le préfet dans les départements, peuvent lever ces incapacités, sur l'avis du maire, quand le condamné, à l'expiration de sa peine, aura résidé trois ans dans la même commune.

La loi n'indique pas d'autres incapacités que celles que nous venons de préciser ; rien ne s'oppose donc à ce qu'un étranger reçoive, en France, un apprenti.

DEVOIRS DES MAÎTRES ET DES APPRENTIS

a) *Devoirs du maître*

Au premier rang des devoirs du maître est celui de se conduire envers l'apprenti en bon père de famille, c'est-à-dire en homme prudent et soigneux ; surveiller l'apprenti, avertir ses parents en cas de fautes graves ou de penchants vicieux, de maladie ou d'absence ; ne l'employer qu'à des travaux de sa profession, salubres et en rapport avec ses forces.

Tels sont, par exemple, les principaux devoirs des maîtres envers leurs apprentis ; mais ils leur doivent plus encore, et nous estimons qu'il est du devoir d'un maître de donner de bons conseils et de bons exemples à ceux qui sont sous ses ordres, et s'efforcer de prévenir les dangers physiques et moraux qui les menacent ou peuvent les atteindre. Qu'est-il besoin, dès lors, d'ajouter que le maître ne doit pas faire subir de mauvais traitements d'aucune sorte à son apprenti, et qu'il doit le secourir en cas de maladie ou d'accident.

Lorsque le maître s'est engagé, par le contrat d'apprentissage, à loger, nourrir et blanchir son apprenti, il lui doit un logement et une nourriture convenables, du linge blanc au moins toutes les semaines, le tout suivant les usages des lieux et les habitudes des gens dans sa position.

Ce n'est pas seulement dans l'intérieur de son atelier ou de sa maison que le maître doit surveiller son apprenti ; il es tenu, dans une certaine mesure, de le protéger au-dehors contre de mauvaises fréquentations et des habitudes répréhensibles. Le maître est, d'ailleurs, responsable de son apprenti, s'il l'a laissé sans surveillance (1).

Quant à la durée et à la nature des travaux que le maître peut imposer à son apprenti, ce n'est plus la loi de 1851 qu'il faut consulter aujourd'hui, mais celle du 19 mai 1874 sur le travail des enfants et des filles mineures employés dans l'industrie.

---

(1) L'art. 1384 du code civil est formel à cet égard.

Aux termes de la loi de 1874, les enfants, jusqu'à l'âge de douze ans révolus, ne pourront être assujettis à une durée de travail de plus de six heures par jour, divisée par un repos. A partir de douze ans, ils ne pourront être employés plus de douze heures par jour, divisées par des repos. Les enfants, jusqu'à l'âge de seize ans révolus, ne pourront être astreints à aucun travail de nuit (1). La même interdiction est appliquée à l'emploi des filles mineures de seize à vingt et un ans, mais seulement dans les usines et manufactures.

Les enfants âgés de moins de seize ans, et les filles âgées de moins de vingt et un ans, ne peuvent être employés à aucun travail, par leurs patrons, les dimanches et fêtes reconnues par la loi, même pour rangement de l'atelier. Une seule exception est faite pour les travaux indispensables, dans les usines à feu continu ; mais, dans tous les cas, on devra assurer aux enfants le temps et la liberté nécessaires pour l'accomplissement de leurs devoirs religieux (2).

Le maître ne doit pas accueillir un apprenti de

---

(2) Tout travail entre neuf heures du soir et cinq heures du matin est considéré comme travail de nuit.

(1) Lorsque l'apprenti appartient à un culte qui admet, comme jour de repos, un autre jour que le dimanche, il peut stipuler, dans son contrat, un repos autre que le dimanche ; mais il ne peut supprimer ce dernier. Il devra, dès lors, à son maître des jours de travail supplémentaires à la fin de son apprentissage.

moins de douze ans si les parents ne lui justifient pas que l'enfant fréquente une école publique ou privée, et il veillera à ce que l'apprenti suive les classes d'une école pendant le temps libre du travail. De plus, aucun enfant ne pourra, avant l'âge de quinze ans révolus, être admis à travailler plus de six heures par jour, s'il ne justifie, par la production d'un certificat régulier, qu'il a acquis l'instruction primaire obligatoire.

Le maître doit enfin enseigner à l'apprenti, progressivement et complètement, l'art, le métier ou la profession spéciale qui fait l'objet du contrat. L'apprentissage doit donc être progressif et complet, et permettre à l'apprenti de pouvoir gagner sa vie à la fin de son apprentissage. On décide généralement que l'enseignement ne serait pas complet si le maître n'apprenait pas à l'apprenti ces petits secrets de fabrique, appelés tours de mains, qui, le plus souvent, constituent une partie importante de l'habileté d'un ouvrier.

A défaut par le maître de remplir les devoirs que nous venons de résumer, la loi n'a pas attaché de sanction; la demande de résiliation de contrat avec dommages-intérêts est le seul moyen pour l'apprenti d'imposer au maître l'observation de ses devoirs.

Enfin, à l'expiration du contrat d'apprentissage, le maître doit délivrer à l'apprenti un congé d'acquit ou certificat constatant l'exécution du contrat.

Ce certificat est généralement donné par le maître, à la suite du double du contrat d'apprentissage qui reste entre les mains de l'apprenti; mais toute autre forme peut lui être donnée, au choix des parties.

Dans le cas où le maître refuserait de délivrer le congé d'acquit, l'apprenti pourrait faire assigner le maître devant le Conseil des prud'hommes, et la décision de ce conseil tiendrait lieu de certificat(1).

b) *Devoirs de l'apprenti*

Pour préciser les devoirs de l'apprenti envers son patron, il faut d'abord rechercher dans le contrat si l'apprenti ne s'est obligé, envers le maître, qu'à travailler pour lui, ou s'il a été, en outre, stipulé un prix de l'apprentissage. Dans ce dernier cas, qui est le plus fréquent, afin de rendre plus court le temps de l'apprentissage, l'apprenti est tenu de payer au maître, régulièrement et aux époques convenues, le prix stipulé au contrat.

L'apprenti ne saurait exciper de sa minorité, du défaut de consentement de ses parents, ou de toute autre cause de nullité de son engagement, pour refuser de payer le prix de son apprentissage. De plus, engagé dans les liens du contrat d'apprentissage, alors qu'il était mineur, par les personnes

---

(1) Nous devons faire observer ici, en terminant ce qui concerne les devoirs des maîtres, qu'ils ne sont pas tenus d'avoir le registre prescrit par la loi du 22 juin 1855, art. 4, et d'y inscrire le nom de l'apprenti.

ayant autorité sur lui, l'apprenti est tenu, même après qu'il est devenu majeur, d'exécuter ce contrat, de payer le prix stipulé.

L'action des maîtres, pour le prix de l'apprentissage, se prescrit par un an (1). le patron devra donc ne pas attendre plus d'un an sans le réclamer, à peine de voir repousser sa demande comme non recevable.

En dehors du paiement du prix stipulé, l'apprenti doit fidélité, obéissance et respect à son maître, et tous manquements graves des apprentis envers leurs maîtres pourront être punis, par les prud'hommes, d'un emprisonnement ne pouvant excéder trois jours (2).

L'apprenti qui se rendrait coupable d'un vol dans la maison de son maître serait puni par l'art. 386 § 3 du code pénal (3); et s'il s'agissait d'un abus de confiance, c'est l'art. 408 qui serait applicable (4);

---

(1) Consulter l'art. 2272 du code civil.

(2) Décret du 3 août 1810, titre II, art. 4. — Les prud'hommes puisent dans ce décret un droit qui leur permet d'atteindre tous les actes coupables d'insubordination, dissipation, paresse, mauvaises mœurs, habitudes vicieuses ou fâcheuses de l'apprenti. Ils ne font, d'ailleurs, généralement usage de ce droit qu'avec une extrême réserve.

(3) Art. 386 § 3. — Sera puni de la peine de la réclusion tout individu coupable de vol commis dans l'un des cas ci-après ..... 3° ou si c'est un ouvrier compagnon ou apprenti dans la maison, l'atelier ou le magasin de son maître.

(4) Art. 408 § 2. — Si l'abus de confiance, puni par le § 1er, a été commis par... un commis, ouvrier, compagnon ou apprenti, au préjudice de son maître, la peine sera celle de la réclusion.

mais s'il révélait ou communiquait à un fabricant étranger le secret de la fabrique dans laquelle il est employé, nous doutons fort qu'on puisse demander contre lui l'application de l'art. 418 du code pénal, dans lequel l'omission du mot « apprenti » paraît volontaire de la part du législateur (1).

L'apprenti doit, en outre, aider le maître par son travail, dans la mesure de son aptitude et de ses forces. A défaut par lui d'exécuter ce devoir, le maître pourra poursuivre la résiliation du contrat avec dommages-intérêts. C'est là une sanction qui peut être illusoire dans bien des cas, notamment en cas d'insolvabilité de l'apprenti ou de ceux qui contractent pour lui; mais nous ne voyons pas comment l'apprenti pourrait être contraint autrement à l'exécution de l'obligation de faire qu'il a prise lorsqu'il a signé son contrat d'apprentissage.

Enfin, l'apprenti est tenu de remplacer, à la fin de l'apprentissage, le temps qu'il n'a pu employer par suite de maladie ou d'absence ayant duré plus de quinze jours. Peu importe même que le travail ait été suspendu par un cas de force majeure ; faute par l'apprenti de remplir cette obligation, le maître peut toujours obtenir contre lui des dommages-intérêts.

---

(1) Nous devons faire observer ici que les apprentis ne sont pas tenus d'avoir un livret que la loi du 22 juin 1854 impose aux ouvriers.

Nous devons ajouter encore ici que l'apprenti serait pécuniairement responsable, dans les termes du droit commun, des dégradations qu'il causerait par négligence, imprudence ou méchanceté, aux objets qui lui sont confiés ; mais il faudra toujours tenir grand compte, dans l'appréciation des faits, de l'inexpérience toute naturelle de l'apprenti, et ne le condamner à des dommages-intérêts qu'en cas de dégradations volontaires.

DE LA RÉSOLUTION DU CONTRAT

L'apprentissage est toujours soumis à un temps d'essai que le législateur a fixé à deux mois, dans le silence du contrat, mais que les parties peuvent toujours augmenter par conventions expresses. Pendant cette période d'essai, le contrat peut toujours être annulé par la seule volonté de l'une des parties sans qu'aucune indemnité soit allouée à l'autre. Toutefois, rien n'empêche que les parties fixent un dédit en cas de rupture du contrat, et cette clause devrait être respectée.

Le délai de deux mois d'essai ne court que du jour de la signature du contrat ; si celui-ci est verbal, du jour où l'apprenti est entré réellement chez le patron.

En cas de rupture du contrat du fait de l'apprenti, pendant le temps d'essai, le maître n'est pas fondé à réclamer une indemnité, même sous prétexte de nourriture, logement, travail ou autre motif. La loi dit formellement qu'aucune indemnité ne doit être allouée.

Le contrat d'apprentissage est résolu, de plein droit, par la mort du maître ou de l'apprenti ; si l'apprenti ou le maître est appelé au service militaire (1) ; si le maître vient à être frappé d'une condamnation qui le rend incapable de recevoir des apprentis ; enfin, pour les filles mineures, dans le cas de décès de l'épouse du maître ou de toute autre femme de la famille qui dirigeait la maison à l'époque du contrat (2).

Lorsque le contrat est résolu de plein droit pour les causes sus-énoncées, cette résolution ne donne pas lieu à allocation de dommages-intérêts au profit de celui au préjudice duquel le contrat se trouve rompu ; mais, il nous paraît équitable d'admettre la répétition de certaines sommes d'argent versées d'avance pour la nourriture, l'entretien et le logement de l'apprenti. Toute la partie du prix qui

---

(1) Il n'en serait pas de même en cas d'engagement volontaire dans l'armée. La résolution du contrat n'aurait pas alors lieu de plein droit sans dommages-intérêts, mais, au contraire avec dommages-intérêts, au profit de celui au préjudice duquel le contrat se trouverait ainsi rompu.

(2) Si, à l'époque du contrat, le maître était célibataire, et que, depuis, s'étant marié, sa femme décède, le contrat ne serait pas alors résolu de plein droit ; le maître devrait seulement ne plus loger ses apprenties, dans les termes de l'art. 5 de la loi de 1851.

représente l'apprentissage proprement dit est soumise à la non répétition, que le prix soit stipulé en travail ou en argent.

En dehors des cas que nous venons de préciser, et dans lesquels le contrat d'apprentissage est résolu de plein droit, la résiliation peut en être demandée par les parties ou l'une d'elles, dans les six cas suivants : Si l'une des parties manque aux stipulations du contrat ; — pour infraction grave et habituelle aux prescriptions de la loi de 1851 ; — dans le cas d'inconduite habituelle de la part de l'apprenti ; — si le maître transporte sa résidence dans une autre commune que celle qu'il habitait lors de la convention ; — si le maître ou l'apprenti encourait une condamnation emportant un emprisonnement de plus d'un mois ; — dans le cas, enfin, où l'apprenti viendrait à contracter mariage.

En cas de résiliation du contrat, demandée par l'une des parties, l'autre s'y opposant, c'est un jugement du Conseil des prud'hommes qui la prononce, et cette résiliation entraîne une condamnation à des dommages-intérêts contre qui elle est prononcée, si le conseil la trouve juste.

La question de savoir si des dommages-intérêts doivent être alloués est d'ailleurs une question de fait laissée à la libre appréciation du juge. En tous cas, la résiliation ne peut être prononcée que sur la demande de celle des parties qui n'est pas en faute, et ne pourrait jamais l'être sur la demande de celle qui a commis l'infraction (1).

Une dernière cause de résolution du contrat existe dans le cas où le temps convenu pour la durée de l'apprentissage dépasse le maximum de la durée consacrée par les usages locaux. Le Conseil des prud'hommes, auquel cette question serait soumise, a, toutefois, le pouvoir de réduire la durée du contrat sans en prononcer la résolution.

DE LA COMPÉTENCE

Toute demande à fin d'exécution ou de résolution du contrat d'apprentissage est jugée par le Conseil des prud'hommes, dont le maître est justiciable, et, à défaut, par le juge de paix du canton.

On remarquera que c'est le domicile du maître qui fixe toujours la compétence, contrairement à la règle générale, qui veut que l'on assigne toujours devant le domicile du défendeur. C'est que le domicile d'un apprenti eût été souvent fort difficile à trouver, tandis que celui du maître est fixe et certain.

---

(1) Il est généralement admis que le tribunal qui prononce contre l'apprenti la résiliation du contrat d'apprentissage avec dommages-intérêts, peut ordonner que l'apprenti ne pourra se placer ailleurs qu'en qualité d'apprenti, et que toute personne qui l'emploierait en qualité d'ouvrier peut être rendue passible de tout ou partie de l'indemnité prononcée au profit du maître.

A défaut de prud'hommes, c'est le juge de paix qui est compétent, et non le tribunal de commerce. Celui-ci ne connaît qu'en appel des contestations qui ont été portées devant le Conseil des prud'hommes. Celles qui émanent des juges de paix sont portées en appel devant les tribunaux civils.

Lorsqu'un tiers se trouve engagé dans le contrat d'apprentissage, par exemple, comme caution, le droit commun reprend son empire, et ce n'est plus devant les prud'hommes, mais devant les tribunaux ordinaires que cette personne doit être assignée en exécution de ses engagements.

Enfin, la loi de 1851 a interdit à tout fabricant, chef d'atelier ou ouvrier, de détourner un apprenti de chez son maître, à peine de se voir passible de tout ou partie de l'indemnité à prononcer au profit du maître abandonné. Toute réclamation formée contre celui qui a détourné l'apprenti est de la compétence exceptionnelle des prud'hommes ou, à leur défaut, des juges de paix; mais alors le Conseil des prud'hommes ou le juge de paix compétent n'est plus celui du domicile du maître abandonné, mais celui du domicile de la personne qui a détourné l'apprenti.

MODIFICATIONS A APPORTER A LA LOI
DU 22 FÉVRIER 1851

Nous ne saurions terminer ces notes juridiques

sur le contrat d'apprentissage sans mentionner les modifications que la Chambre syndicale de la chaussure en gros de Paris propose d'apporter à la loi qui régit actuellement le contrat d'apprentissage.

Dans sa séance du 5 juin 1883, sous la présidence de M. H. Touzet, la Chambre syndicale a adopté, à l'unanimité, le rapport de son secrétaire, qui concluait aux réformes ci-après :

1° Le contrat écrit sera obligatoire ; il pourra être confectionné par le maire, son adjoint, ou, à son défaut, par un secrétaire de mairie ;

2° Au sujet des heures de travail et de l'instruction des apprentis, se reporter à la loi du 19 mai 1874, concernant le travail des enfants et des filles mineures dans l'industrie ;

3° Par le fait de son contrat, l'apprenti, et, de plus, quelqu'un de ses parents ou amis, son père, naturellement, s'il l'a encore, se portent garants qu'il servira fidèlement son patron pendant la durée de son apprentissage, se conduira bien, et mettra tout son zèle à profiter des leçons qui lui sont données ;

4° Au sujet des garanties réciproques du patron et de l'apprenti, la Commission, s'inspirant des lois anglaises en vigueur, estime qu'il est nécessaire qu'une provision, appelée prime d'apprentissage, soit versée par l'apprenti, pour rester en dépô comme une garantie pour le patron. Toutefois, reconnaissant que le versement de cette prime serait souvent un obstacle au contrat, elle propose de fixer à l'avance, par le contrat, le montant de cette prime, mais de ne la constituer que par des retenues effectuées pendant un certain temps sur les salaires de l'apprenti.

D'autre part, afin que cette somme soit inaliénable et que les intérêts de l'apprenti soient entièrement sauvegardés, le montant en serait versé par le patron, à la Caisse d'épargne, sur des livrets spéciaux, au fur et à mesure des retenues; elle ne pourrait être remise à l'apprenti que sur la présentation de son congé d'acquit;

5° Dans le cas de mort d'un associé sur deux ou plusieurs, l'apprenti doit continuer son service au survivant; dans le cas de faillite, l'apprenti devient complètement libre; le montant de sa prime doit lui être remise;

6° Dans le cas où l'apprenti voudrait quitter son patron avant l'expiration du contrat, il perd totalement le montant de sa prime, qui devient la propriété de son patron, à titre d'indemnité; et, dans le cas où la prime ne serait pas encore constituée, le patron peut attaquer les garants de l'apprenti en dommages et intérêts;

7° L'apprenti ne sera libre de tout engagement

que lorsqu'il aura obtenu de son patron son congé d'acquit, lequel lui servira à retirer son livret de Caisse d'épargne;

8° Les patrons ayant employé des apprentis non munis de ce congé d'acquit sont passibles de dommages et intérêts vis-à-vis du patron lésé.

Ces différentes propositions paraissent dignes d'appeler l'attention du législateur et de figurer toutes dans un projet de loi sur le contrat d'aptissage.

TABLE DES MATIÈRES

PARIS. — IMPRIMERIE BREVETÉE DE Vᵉ ÉDOUARD VERT

29, rue Notre-Dame-de-Nazareth, 29.